Lk 14
118

DÉLIBERATION
DES ETATS
EN FORME DE REGLEMENT,

AU sujet de l'Execution des Conventions passées entre les Etats & les Proprietaires du Canal-Royal, par raport à l'Entretien des Epanchoirs, Aqueducs, Rigoles, Contre-canaux & autres Ouvrages.

EXTRAIT du Regître des Déliberations des Etats-Generaux de la Province de Languedoc, convoquez par Mandement du Roi en la Ville de Montpellier, au mois de Décembre 1739.

DU MARDY dix-neuviéme Janvier mil sept cent quarante, Président Monseigneur l'Archevêque & Primat de Narbonne.

MONSEIGNEUR L'EVÊQUE D'ALAIS a dit, que le Sieur Joubert, Sindic-General, a rendu-compte à la Commission, de ce qui a été fait dans le

A

cours de l'année 1739, en execution de la Déliberation du 29 Janvier de ladite année, par raport au Canal-Royal, & aux Conventions paſſées entre les Etats & les Proprietaires dudit Canal; comme-auſſi, entre leſdits Proprietaires & les Députez des Diocéſes de Lavaur & de St. Papoul.

Qu'il a été obtenu deux Arrêts du Conſeil, le 24 Avril & 11 Mai dernier, pour autoriſer leſdites Conventions & la Déliberation du 29 Janvier: mais, qu'avant d'en donner connoiſſance dans les Diocéſes dans l'Etenduë deſquels paſſe le Canal, ledit Sieur Joubert, Sindic-General, a crû devoir dreſſer un Mémoire-Inſtructif, ſur la maniére d'executer les Conventions paſſées entre les Etats & leſdits Proprietaires.

Que l'objet de ce Mémoire eſt d'entrer dans le détail, par raport à chaque Article deſdites Conventions, des diferentes Operations qui doivent être faites pour en executer le contenu, & pour diſtinguer, relativement aux Obligations impoſées aux Diocéſes & auſdits Proprietaires, ce qui doit être à la charge des uns & des autres.

Que ce Mémoire a été envoyé dans les Diocéſes, avec un Exemplaire de la Déliberation des Etats, dudit jour vingt-neuf Janvier, & de l'Arrêt du Conſeil qui autoriſe les Conventions; mais, qu'il n'a pas été poſſible, au moins dans la plûpart des Diocéſes, de commencer à en faire uſage.

Qu'au ſurplus, il n'a été porté, dans le cours de l'année 1739, aucune nouvelle Plainte de la part des Communautez & des Particuliers Riverains du Canal: mais, que cependant, comme il eſt d'une grande conſequence de ſuivre l'Objet que les Etats ſe ſont propoſez, de remedier aux Dommages cauſez par le défaut d'Entretien des Aqueducs, Rigoles & Contre-canaux & autres Ouvrages ſemblables, MM. les Commiſſaires ont crû devoir s'attacher principalement à prendre des meſures, pour que les Conventions ayent leur effet : Que les Proprietaires du Canal y ont paru très-difposez, & qu'ils ont déja ceffé de faire cultiver les Francs-bords ou Terriers, fuivant la parole qu'ils en avoient donnée : Que les Diocéfes ne fe porteront pas fans doute avec moins d'empreffement, à remplir les Engagemens qui les concernent ; & que MM. les Commiffaires ont crû en confequence, après avoir examiné le Mémoire-Inftructif dont il a été déja fait mention, qu'il étoit indifpenfable de s'y conformer ; auquel effet il doit être envoyé de nouveau dans les Diocéfes, avec une Copie de la Délibération qui fera prife.

Qu'ils ont crû devoir aller plus loin, en propofant de déterminer un délai jufqu'au premier Juillet prochain ; dans lequel délai, les Vérifications, Toifés & autres Operations femblables, comme auffi les Baux ou Marchez pour le Creufement ou l'Entretien des Rigoles & Contre-canaux, doivent être faits & arrêtez : Qu'ils ont crû, dans les mêmes vûës & par les mêmes motifs, devoir propofer à l'Affemblée, de confentir que les Diocéfes impofent l'année prochaine, fur chaque Communauté Riveraine du Canal, la Somme qui fera jugée convenable, par Eftimation ; fauf à regler précifément, après que lefdites Vérifications & Marchez auront été faits & arrêtez, la Somme à laquelle doit revenir le contingent defdites Communautez, conformément aux Conventions.

Que de plus, leur Execution étant le feul moyen de remedier aux diferens Dommages dont on a connu la caufe & l'étenduë, par la Vérification qui fut faite en 1738, les Diocéfes & les Proprietaires du Canal doivent fans-doute être refponfables des Dommages aufquels les Particuliers Riverains pourroient être expofez par le défaut d'Execution defdites Conventions, chacun toutesfois pour ce qui le concerne, & relativement à leurs Engagemens refpectifs.

A ij

Qu'au reste, MM. les Commissaires ont fait reflexion, par raport aux Contre-canaux & Rigoles qui seront dans le cas d'être creusées & entretenuës à fraix-communs par les Diocéses & les Proprietaires du Canal, que les Baux ou Marchez en devoient être faits & arrêtez conjointement, pour éviter toute espéce de Contestations ; & que les Sieurs Proprietaires ont eux-mêmes reconnu, que cet Arrangement étoit le plus convenable.

Enfin, pour ce qui est des Transpirations qui proviénent, au moins en partie, du défaut du creusement du Canal, lesdits Proprietaires s'étant soûmis à l'avenir de faire lesdits creusemens jusqu'au ferme, il avoit paru nécessaire, pour s'assurer de l'Execution de cet Article, de verifier chaque année, en présence des Personnes préposées par les Commissaires du Diocése, & du Sindic-General du Département, si les parties ausquelles on aura travaillé, auront été recreusées jusqu'au ferme, c'est-à-dire, jusqu'à la premiére Base du Canal.

Que cette Vérification étant la seule maniére de pourvoir à l'Execution d'un Article aussi juste & aussi important, la Commission n'auroit pas hésité de la proposer à l'Assemblée ; & que les Proprietaires du Canal y ont pareillement acquiécé : mais, que comme tous les Terrains dans lesquels le Canal a été excavé, n'étoient pas les mêmes, & qu'il y en avoit de marécageux & des Terres-Labourables, dans lesquels le Canal ne paroîtroit jamais être recreusé à son anciéne Base, il sera nécessaire, pour éviter toute Contestation, de prendre des Repaires plus certains, tels que sur les Rochers qui ont été excavez, & sur le Tuf, qui forment en bien des endroits la Base du Canal.

Qu'après avoir ainsi parlé de ce qui regarde l'Execution de ces Conventions passées entre les Etats & lesdits Proprietaires, il susisoit de dire, à l'égard de celles qui avoient été paſſées entre leſdits Proprietaires & les Députez des Diocéſes de Lavaur & de St. Papoul, que ces Diocéſes devoient également s'attacher à les mettre à execution dans un certain délai, afin de faire ceſſer les Dommages auſquels on s'eſt propoſé de remedier; & que le Sindic-General du Département, devoit être autoriſé à faire en cas de beſoin, pour l'Execution deſdites Conventions, tous les Actes & Démarches néceſſaires.

Monseigneur l'Evêque d'Alais a ajoûté, qu'il doit encore informer l'Aſſemblée, que Mrs. de Caraman & de Bonrepos ayant été inſtruits par MM. les Commiſſaires, des Diſpoſitions qui viénent d'être propoſées pour aſſurer l'Execution des Conventions; ils ont declaré, en préſence de la Commiſſion, qu'ils y acquiéçoient, & qu'ils n'avoient garde d'en reclamer.

Surquoi il a été deliberé, 1°. Que les Conventions paſſées entre les Etats & leſdits Proprietaires, au ſujet de l'Entretien deſdits Aqueducs, Rigoles, Contre-canaux, & autres Ouvrages y mentionnez, & autoriſées par Arrêt du Conſeil du 24 Avril 1739, ſeront executées dans toutes les Diſpoſitions qu'elles renferment; & qu'à cet effet on ſe conformera au Mémoire-Inſtructif qui a été dreſſé pour l'Execution deſdites Conventions, & envoyé aux Diocéſes dans l'Etenduë deſquels paſſe le Canal; lequel Mémoire ſera inſeré dans le préſent Procès-Verbal, & adreſſé de nouveau auſdits Diocéſes, avec la première Déliberation.

2°. Que pour éviter dans la ſuite toute eſpéce de Conteſtation, les Vérifications, Toiſés, & autres Operations indiquées dans ledit Mémoire, ſeront faites conjointement & d'un commun-accord, par les Perſonnes qui ſeront] prépoſées par MM. les Commiſſaires des Diocéſes & par Mrs. les Proprietaires du Canal; dequoi il ſera dreſfé un double Procès-Verbal, & que l'un des Sindics-Generaux y fera préfent.

4°. Qu'après que lefdites Vérifications, Toifés & autres Opérations feront achevées, il fera fait des Marchez par MM. les Commiffaires des Diocéfes & par M^{rs}. les Propriétaires du Canal, chacun pour les Ouvrages qui les concernent : & qu'à l'égard de ceux dont ladite Dépenfe doit être fuportée à fraix-communs, les Marchez en feront paffez conjointement, à un feul & même Entrepreneur.

4°. Que pour fournir aux Fraix defdites Vérifications, Toifés, &c. & au Payement du Prix des Baux ou Marchez, les Etats confentent qu'il foit impofé par les Diocéfes, à l'Affiette prochaine, fur les Communautez Riveraines du Canal, telle Somme qui fera jugée convenable, par Eftimation ; fauf à regler l'année fuivante, le contingent de chacune defdites Communautez, relativement à ce qui eft porté par lefdites Conventions.

5°. Que lefdites Vérifications Toifés, &c. enfemble les Baux ou Marchez énoncez aux Articles ci-deffus, feront faits & arrêtez avant le premier Juillet de la préfente année ; à quoi les Sindics-Generaux feront obligez de tenir la main : leur donnant pouvoir de faire à cette occafion, tous les Actes & Démarches néceffaires ; auquel effet les Sindics des Diocéfes feront tenus de les certifier dans le même délai, des Diligences qu'ils auront faites.

6°. Que lefdits Diocéfes & les Propriétaires du Canal, demeureront refponfables, chacun en droit-foi, des Dommages qui peuvent être caufez par le défaut d'Execution defdites Conventions, dans le délai ci-deffus marqué, chacun pour les Articles qui les concernent, & relativement à leurs Engagemens refpectifs.

7°. Que pour affurer l'Execution de l'Article des Conventions, par lequel les Recreufemens doivent être faits jufqu'au ferme, pour éviter la Tranfpiration des Eaux du Canal, il fera vérifié chaque année, par l'Ingenieur commis par le Roi, en préfence des Sindics des Diocéfes, ou de telle autre Perfonne ayant pouvoir de MM. les Commiffaires - Ordinaires, fi lefdits Recreufemens auront été faits jufqu'à l'anciéne Bafe du Canal, de laquelle on trouvera des Repaires certains fur les Rochers dans lefquels il a été excavé en quelques endroits, ou fur le Tuf qui lui a fervi de Bafe; auquel effet M^{rs}. les Proprietaires feront tenus de dénoncer & indiquer au Sindic de chacun defdits Diocéfes, les parties du Canal qui auront été recreufées; & le Sindic-General du Département, pourra être préfent à ladite Vérification, fur l'Avis qui lui en fera donné par les Sindics defdits Diocéfes.

8.°. Que les Conventions paffées entre les Députez des Diocéfes de Lavaur & de S^t. Papoul & les Proprietaires du Canal, & autorifées par l'Arrêt du Confeil du 11 Mai 1739, feront executées avant le mois de Novembre prochain, à la diligence des Sindics defdits Diocéfes, qui feront tenus d'en certifier le Sindic - General du Département; auquel il eft donné pouvoir de faire à leur défaut, toutes les Démarches & Actes néceffaires pour l'Execution defdites Conventions.

9°. Qu'il fera procédé dans le cours de l'année, à l'Arpentement-general des Francs-bords & Terriers du Canal, & au Plantement des Bornes, conformément aufdites Conventions.

Enfin, que Copies de la préfente Deliberation & du Mémoire, feront remis à M. de Caraman & à M. de Bonrepos, Proprietaires du Canal; & que le Sindic-General pourfuivra un Arrêt du Confeil, pour autorifer ladite Délibération.

MEMOIRE INSTRUCTIF

SUR LA MANIERE D'EXECUTER LES Conventions passées entre les Etats & les Proprietaires du Canal-Royal, au sujet de l'Entretien des Aqueducs, Rigoles, Contre-canaux, Epanchoirs, &c. & autorisées par Arrêt du Conseil du 24 Avril 1739.

COMME l'Utilité qu'on s'est proposé de retirer des Conventions passées le 28 Janvier 1739, entre les Etats & les Proprietaires du Canal-Royal, sur les diferens Chefs y contenus, dépend de leur Execution; il a paru nécessaire pour s'en assurer, d'entrer dans le détail de ce qui doit être fait sur chacun des Articles.

OBSERVATION PRÉLIMINAIRE.

MAIS auparavant, on observera en general, que dans chaque Diocése où passe le Canal-Royal, le Sindic du Diocése & un des Commissaires-Ordinaires, doivent parcourir la partie du Canal qui est dans son Etenduë, conjointement avec le Directeur du Département, ou telle autre Personne qui sera préposée par M^{rs}. les Proprietaires du Canal, afin de dresser un Etat exact & détaillé de chaque nature d'Ouvrages dont il est parlé dans les Conventions; & ce Etat doit contenir ce qui sera marqué ci-après sur chacun des Articles suivans.

ARTICLE

ARTICLE PREMIER.

CONCERNANT les Epanchoirs & les Rigoles, servant à conduire les Eaux qu'ils rejetent.

1°. Il faut faire mention dans ledit Etat, de tous les Epanchoirs qui servent actuellement à rejeter les Eaux surabondantes du Canal, en observant de faire mention du nom de chacun desdits Epanchoirs, & de distinguer ceux qui sont à fleur-d'eau ou à fonds ; ceux qui n'ont qu'un Empelement, ou ceux qui en ont plusieurs.

2°. Il faut determiner, à l'egard de chacune des Rigoles, le Cours, les Alignemens & les Dimensions qu'elle a ou qu'elle doit avoir, depuis l'Epanchoir dont elle reçoit les Eaux, jusqu'à la Riviére, Ruisseau ou Rigole de sortie où elle aboutit ; dans laquelle Etenduë elle doit être entretenuë en entier par M^{rs}. les Proprietaires du Canal ; & les Dimensions desdites Rigoles doivent être reglées de maniére qu'elles ne puissent causer aucun Dommage aux Héritages voisins.

Il faut aussi marquer le nom de la Riviére, Ruisseau ou Rigole de sortie, & l'endroit où les Eaux provenant desdits Epanchoirs, y sont reçûës.

3°. A l'egard desdites Rigoles qui conduisent les Eaux à un Ruisseau, il faut examiner si le Lit dudit Ruisseau est capable de les contenir : Et au cas que lesdits Sieurs Commissaires, ou le Directeur du Département, ou autre Personne préposée par M^{rs}. les Proprietaires du Canal, ne puissent pas en convenir, le Directeur des Fortifications dans la Province, sera prié de le determiner.

Dans le cas où le Lit desdits Ruisseaux ne pourra pas contenir les Eaux qui y sont conduites, il faudra deter-

Epanchoirs.

Rigoles desdits Epanchoirs.

Rigoles qui conduisent les Eaux à un Ruisseau.

miner le Cours & les Alignemens du Lit dudit Ruisseau, & les Dimensions qu'il conviendra de lui donner, depuis l'endroit où il reçoit les Eaux de la Rigole, jusqu'à la Riviére la plus prochaine, telle que le Lers, Fresquel & autres semblables, à l'effet d'être pourvû, moitié par M^{rs}. les Proprietaires, dont ledit Ruisseau traverse le Terrein, à l'entretien de son Lit dans ladite Etenduë, suivant les Dimensions qui auront été determinées.

Rigoles qui aboutissent à une Rigole de Sortie.

4°. A l'égard de celles desdites Rigoles qui aboutissent à une Rigole de sortie, il faut de la même maniére, determiner le Cours, les Alignemens & les Dimensions de ladite Rigole de sortie, depuis l'endroit où elle reçoit les Eaux provenant dudit Epanchoir, jusqu'à la Riviére ou Etang le plus prochain ; dans laquelle étenduë la Rigole de sortie doit être entretenuë, moitié par les Proprietaires du Canal, & moitié par les Communautez dont elle traverse les Terroirs.

Il faut aussi marquer le nom de ladite Rigole de sortie, & l'endroit où elle reçoit les Eaux venant de l'Epanchoir, le nom de la Riviére ou Etang, & l'endroit où les Eaux de ladite Rigole de sortie y sont reçûës.

Epanchoirs dans la Retenuë de Portiragne.

5°. A l'égard des vingt-un Epanchoirs à fleur-d'Eau qui sont dans la Retenuë de Portiragne, il faudra determiner en la même forme, le Cours, les Alignemens & les Dimensions des Rigoles qui reçoivent les Eaux desdits Epanchoirs, afin que les Communautez de Vias & d'Agde, pourvoyent à leur Entretien, en la maniére qui sera reglée ci-après, chacune pour ce qui les concerne, depuis le commencement desdites Rigoles, jusqu'à leur Embouchure.

Nouveaux-Epanchoirs, ou changemens à faire à ceux qui

Il n'y a rien à remarquer sur les autres Dispositions de cet Article, si ce n'est que dans le cas où l'Ingenieur du Roi, chargé de la Direction du Canal, croira dans

la suite, après avoir entendu le Sindic du Diocése & *existent aujour-*
les Posseffeurs des Fonds voisins, qu'on doit faire un nou- *d'hui.*
vel Epanchoir, ou augmenter l'Ouverture de ceux qui
font déja faits, il doit en donner l'Ordre par écrit.

Qu'auparavant de donner ce nouvel écoulement aux
Eaux, M^{rs}. les Proprietaires du Canal doivent faire creu-
fer une Rigole capable de les contenir.

Et que les Alignemens de la nouvelle Rigole, doivent être determinez conformément à ce qui a été dit
ci-dessus, par raport aux Rigoles des Epanchoirs qui font
déja faits.

ARTICLE II.

CONCERNANT les Aqueducs.

C E T Article, qui pourvoit à l'Entretien de la Maçonerie des Aqueducs, & à l'écoulement des Eaux dans
l'étenduë de l'Aqueduc & des Francs-bords, n'a besoin
d'aucune Instruction.

ARTICLE III.

CONCERNANT les Rigoles d'Entrée ou Contre-canaux, & les Rigoles de Sortie.

L E S Rigoles d'entrée font celles qui conduisent les
Eaux sous les Aqueducs.

Et les Rigoles de sortie font celles qui les conduisent
depuis les Aqueducs jusqu'aux Ruisseaux ou Riviéres où
elles aboutissent.

A l'égard des Rigoles d'entrée, il faut 1°. Determi- *Rigoles d'En-*
ner celles qui font dans les Terres incultes & sur les *trée dans les Ter-*
res incultes &
Hauteurs, lesquelles doivent être entretenuës par M^{rs}. les *sur les Hauteurs.*

Proprietaires du Canal, & la marque & le nom de chacune desdites Rigoles.

Il faut aussi en determiner le Cours, les Alignemens & les Dimensions.

Autres Rigoles d'Entrée & Contre-canaux.

2°. Il faut determiner également le Cours, les Alignemens & les Dimensions des autres Rigoles, quelles qu'elles puissent être, & des Contre-canaux ou Rigoles paralleles au Canal, depuis le commencement jusqu'à l'entrée de l'Aqueduc, distraction faite de la largeur des Francs-bords ; desquelles Rigoles & Contre-canaux la moitié doit être entretenuë par Mrs. les Proprietaires du Canal ; & l'autre moitié, par les Communautez dans les Terroirs desquelles elles sont situées.

Rigoles de Sortie.

A l'égard des Rigoles de sortie, il faut aussi en determiner le Cours, les Alignemens & les Dimensions, depuis le commencement, au sortir de l'Aqueduc, distraction faite de la largeur des Francs-bords, jusqu'à la Riviére ou Etang où elles conduisent les Eaux : & les Communautez dont elles traversent les Terroirs, pourvoiront en entier à leur entretien, en la maniére qui sera expliquée ci-après, si ce n'est dans le cas où on y a conduit des Eaux provenant de quelque Epanchoir : & on n'ajoûtera rien à ce qui a été dit au sujet de l'Article premier.

On observera seulement, que pour faciliter l'écoulement des Eaux & prévenir tous Dommages, il faut toûjours commencer par le Recreusement des Rigoles de sortie, en remontant, depuis leur Embouchure dans la Riviére ou Ruisseaux, jusqu'à l'Aqueduc où elles prénent naissance ; & de-là, en suivant les Contre-canaux & Rigoles d'entrée, jusqu'à l'endroit où elles commencent.

Anciens-Lits des Ruisseaux, ou Ravins.

A l'égard des anciens Lits des Ruisseaux ou Ravins, dont les Eaux passent sous les Aqueducs, sans qu'on en ait detourné d'autres dans leurs Lits, on n'a rien à dire de particulier, les Riverains demeurant toûjours chargez de leur entretien, comme ils y sont obligez par le Droit-commun : & au cas qu'on y ait conduit les Eaux provenant de quelque Epanchoir, il faut se conformer à ce qui a été dit sur ce sujet à l'Article premier.

Quant à la maniére de pourvoir à l'entretien desdites Rigoles & des Contre-canaux ; dans le cas où les Communautez en sont chargées, en tout ou en partie, suivant les Articles des conventions qu'on a rapellées ci-dessus, il faut, sur ce qui aura été determiné, par raport aux Alignemens & aux Dimensions desdites Rigoles, faire dresser un Dévis du creusement qui doit en être fait à présent, & de leur Entretien ; sur lequel Dévis il doit être fait des Publications & Affiches pour indiquer l'Adjudication qui doit en être faite par MM. les Commissaires du Diocése, à tant la Toise. *Devis & Adjudication du Creusement & Entretien des Rigoles & Contre-canaux.*

Mais, comme ce creusement doit être fait en plusieurs endroits à fraix-communs, par Mrs. les Proprietaires du Canal-Royal, il convient que le même Entrepreneur travaille pour les uns & pour les autres ; & Mrs. les Proprietaires doivent être priez d'envoyer quelcun de leur part, pour assister à ces Adjudications.

Le reste du contenu en cet Article, concernant les Arbres qui ont été plantez dans les Rigoles d'entrée & de sortie, dans les Contre-canaux & dans les anciens Lits des Ruisseaux, & qui doivent être arrachez, ne demande aucune Instruction-particuliére ; & il sufit de recommander d'executer literalement, & sans aucun égard ou consideration, ce qui a été determiné à ce sujet. Comme le Plantement de ces Arbres, dans les Terrains dont il s'agit, est une Entreprise préjudiciable au Public, il est indispensable de la faire cesser sans ménagement ; & les Sindics des Diocéses sont exhortez à y tenir la main, avec une attention particuliére. *Arbres plantez dans les Rigoles d'Entrée & de Sortie.*

ARTICLE IV.

CONCERNANT les Eaux des Ruisseaux & les Eaux-Pluviales ramassées qui sont reçûës dans le Canal.

LESDITES Eaux sont reçûës dans le Canal, cu par-dessus une Cale ou Mur de Maçonerie qui est élevé à une certaine hauteur, & au-devant duquel il y a un Reservoir pour le dépôt du Limon, ou par une simple Ouverture faite dans les Terriers.

CALES.   1°. Pour ce qui concerne les Cales, il faut faire determiner, à l'égard de chacune en particulier, par l'Ingenieur du Roi, chargé de la Direction du Canal, l'Elevation qu'elle doit avoir au-dessus de la hauteur ordinaire des Eaux du Canal; & cette élévation doit être determinée de concert par l'Ingenieur du Roi, en présence du Sindic du Diocése, & après avoir entendu les Parties interessées, de manière qu'elles n'en puissent recevoir aucun Dommage.

Si ledit Ingenieur juge-à-propos de faire construire dans la suite des Cales ou Murs de Maçonerie, aux endroits où il n'y a aujourd'hui que de simples Ouvertures ou Coupures dans les Terriers ou dans d'autres endroits, il faudra determiner en la même forme & manière, l'elevation qu'il conviendra de leur donner.

OUVERTURES *dans les Terriers, ou Coupures.*   2°. Pour ce qui concerne les Ouvertures dans les Terriers, ou Coupures, il en doit être fait mention, en marquant leur nom & celui du Ruisseau dont elles font écouler les Eaux dans le Canal.

Si dans la suite l'Ingenieur du Roi croit que ces mêmes Ouvertures doivent être fermées, il faudra qu'il en donne un Ordre par écrit, après avoir entendu les Parties interessées & le Sindic du Diocése; & que cet Ordre, dont il doit leur être donné Copie, en fasse mention.

Il faudra aussi determiner les Alignemens & les Dimensions de la Rigole ou Contre-canal qui doit conduire les Eaux à l'Aqueduc le plus voisin ; & cette Rigole ou Contre-canal, seront creusez & entretenus conformément à ce qui a été dit sur l'Article III.

Mais, l'Ouverture qu'on voudra fermer ne pourra l'être qu'après que ladite Rigole ou Contre-canal auront été mis en état de recevoir les Eaux.

A l'égard des Ouvertures ou Coupures qui ont été fermées ci-devant dans les Terroirs des Communautez de Donneville, de Montgiscard, de Castanet & autres, il faut pareillement determiner s'il convient de les ouvrir.

Mais, au cas elles doivent être fermées, comme elles le sont, il faut aujourd'hui determiner les Alignemens & les Dimensions des Rigoles ou Contre-canaux qui doivent conduire les Eaux à l'Aqueduc le plus prochain ; après-quoi il sera pourvû à leur creusement & à leur Entretien, suivant ce qui a été dit ci-dessus.

ARTICLE V.

CONCERNANT les Abreuvoirs.

IL n'y a autre chose à observer sur cet Article, si ce n'est qu'il doit être convenu des Lieux où il doit être construit des Abreuvoirs pour l'utilité des Possesseurs des Fonds voisins du Canal.

Il faut aussi determiner la largeur desdits Abreuvoirs & des Caladas qui doivent y être construits.

Il sera pourvû à la construction & à l'entretien desdits Caladas par le Diocése ; & la dépense en sera payée par les Communautez, en la maniére qui a été reglée par l'Article III. à l'égard des creufemens & de l'Entretien defdites Rigoles & Contrecanaux.

ARTICLE VI.

CONCERNANT *le Paſſage ſur les Francs-bords ou Terriers.*

Il faut determiner, en la maniére énoncée en cet Article, les endroits où il ſera permis aux Beſtiaux & aux Voitures, de paſſer ſur les Francs-bords ou Terriers, par le défaut d'autre chemin, pour aller aux Poſſeſſions voiſines, ou à un Pont ſur le Canal ; & l'étenduë deſdits Francs-bords ou Terriers ſur leſquels le Paſſage eſt permis, doit être marquée de maniére qu'il ne puiſſe y avoir aucune Conteſtation dans la ſuite à ce ſujet.

On n'ajoûte rien ſur l'Arpentement-general des Francs-bords dont il eſt parlé à la fin de cet Article, parcequ'il y ſera procedé ſéparément, aux frais de la Province & de Mrs. les Proprietaires du Canal.

ARTICLE VII.

CONCERNANT *la Conſtruction & l'Entretien des Ponts ſur le Canal.*

Il faudra faire mention de tous les Ponts qui ſont actuellement conſtruits ſur le Canal dans chaque Diocéſe, en marquant le nom deſdits Ponts, & diſtinguant,

Ceux qui ſont ſituez ſur le Grand-Chemin de Touloufe à Beziers.

Ceux qui ſont conſtruits ſur les Chemin de Traverſe, pour ſervir à la Communication des Diocéſes voiſins.

Ceux

Ceux qui ont été établis pour la Communication des Villes & Lieux.

Et ceux qui font situez fur les Eclufes, ou qui doivent fervir pour la Ménagerie des Contribüables, pour le Pâturage de leurs Beftiaux ou pour la Culture de leurs Terres.

Au moyen dequoi il fera pourvû à l'entretien defdits Ponts, en la maniére qui eft énoncée dans cet Article; & les Sindics des Diocéfes doivent y tenir la main.

ARTICLE VIII.

CONCERNANT le Creufement qui doit être fait jufqu'au Ferme dans toute l'Etenduë du Canal.

L'OBJET de cet Article, eft d'entretenir le Canal dans fa première Bafe, afin de remedier aux Tranfpirations qui pourroient être caufées par le rehauffement de fon Lit dans certaines parties.

Les Sindics des Diocéfes doivent donc informer les Directeurs de chaque Département, & l'Ingenieur chargé par le Roi de la Direction du Canal, des Tranfpirations caufées par fes Eaux dans les Terres voifines, afin qu'il y foit remedié fur le champ lorfqu'elles font fenfibles; & à l'égard des autres, il y fera pourvû autant qu'il fera poffible, au moyen du creufement qui doit être fait jufqu'au ferme.

Comme toutes les années Mrs. les Proprietaires du Canal en font recreufer plufieurs parties, ils donneront avis aux Sindics des Diocéfes, de celles qui doivent être recreufées, & il fera verifié en préfence dudit Sindic ou de telle autre Perfonne ayant pouvoir de MM. les Commiffaires-Ordinaires, fi lefdits Recreufemens auront été faits jufqu'à l'anciéne Bafe du Canal.

Mais, attendu que dans lefdites Vérifications il fera néceffaire de prendre des Repaires certains de ladite Bafe, on les prendra fur les Rochers dans lefquels le Canal a été excavé, & fur le Tuf, qui a formé en bien des endroits la Bafe du Canal.

OBSERVATION-GENERALE SERVANT
de Conclufion à ce Mémoire.

L'ETAT dont il a été parlé au commencement de cette Inftruction, doit contenir en détail tout ce qui vient d'être marqué ci-deffus fur les Articles I. III. IV. V. VI. & VII. il doit être dreffé un double Original pour être remis, l'un à Mrs. les Propriétaires du Canal, & l'autre aux Archives de chaque Diocéfe.

Lorfque dans la fuite il fera fait quelque nouvel Ouvrage, de la nature de ceux dont on a parlé, ou qu'il fera fait quelque changement à ceux qui exiftent déja, il doit en être fait mention dans ledit Etat, afin qu'il contiéne toûjours au vrai le détail de chaque nature d'Ouvrages dont il a été parlé dans les Conventions.

Mais, indépendamment de cet Etat, il doit auffi être dreffé une Carte dans chaque Diocéfe, contenant en détail le Cours du Canal, fuivant fes diferens Alignemens, dans l'Etenduë fur laquelle il le traverfe, & tous les Ouvrages dont il eft parlé ci-deffus : SÇAVOIR,

Les Epanchoirs à fleur-d'eau ou à fonds ; à un feul ou à plufieurs Empelemens.

Les Rigoles qui reçoivent les Eaux provenant defdits Epanchoirs ; les Riviéres, Ruiffeaux, &c. aufquelles lefdites Rigoles defdits Epanchoirs aboutiffent.

Les Aqueducs fimples ou à plufieurs Arches ; avec un Puits d'entrée ou fans Puits ; à Siphon ou fans Siphon.

Les Rigoles d'entrée qui conduifent les Eaux, & celles de fortie qui les reçoivent pour les conduire à une Riviére voifine ou à un Etang.

Les Cales ou Murs de Maçonerie, conftruits aux endroits

où les Eaux de certains Ruisseaux entrent dans le Canal.

Les Ouvertures des Terres par lesquelles les Eaux de quelques Ruisseaux ou les Eaux Pluviales y sont reçûës, & le Cours desdites Eaux ou Ruisseaux.

Les Abreuvoirs qui auront été construits pour les Bestiaux.

Les endroits des Francs-bords sur lesquels les Bestiaux & les Voitures pourront passer.

Et finalement, les Ponts construits sur le Canal.

Cette Carte doit aussi être faite en double Original, comme l'Etat ci-dessus, pour être remis, l'un à Mrs. les Proprietaires du Canal, & l'autre aux Archives du Diocése.

ARREST
DU CONSEIL D'ETAT DU ROY,

QUI autorise la Déliberation des Etats du 19 Janvier 1740, & le Mémoire-Instructif dressé sur l'Execution des Conventions passées entre lesdits Etats & les Proprietaires du Canal-Royal, au sujet de l'Etenduë des Epanchoirs, Aqueducs, Rigoles, Contre-canaux & autres Ouvrages y dénommez.

Du 5 Juillet 1740.

EXTRAIT DES REGITRES DU CONSEIL D'ETAT.

VEU par le Roi, étant en son Conseil, la Requête presentée en icelui par le Sindic-General de la Province de Languedoc, tendante à ce qu'il plaise à Sa Majetté, autoriser & homologuer la Délibération prise le dix-neuf Janvier dernier, par les Etats de ladite Province, pour assurer, de concert avec les Proprietaires du Canal-Royal, l'Execution des Conventions passées le vingt-huit Janvier mil sept cent trente-neuf, entre les Députez des Etats de Languedoc & les Proprietaires dudit Canal, & celles du même jour, d'entre lesdits Proprietaires & les Députez des Diocéses de Lavaur & de S^t. Papoul : Ladite Déliberation du dix-neuf Janvier de la presente année ; CONTENANT, 1°. Que les Conventions passées entre lesdits Etats & les Proprietaires du Canal-Royal, au sujet de l'Entretien des Aqueducs, Rigoles, Contre-canaux, & autres Ouvrages y mentionnez, autorisées par Arrêt du Conseil du vingt-quatre Avril mil sept cent trente-neuf, seront executées dans toutes les Dispositions qu'elles renferment ; & qu'à cet effet on se conformera au Mémoire-Instructif qui a été dressé pour l'Execution desdites Conventions, & envoyé aux Diocéses dans l'Etenduë desquels passe le Canal-Royal. 2°. Que pour éviter dans la suite toute espéce de Contestation, les Vérifications, Toisés, & autres Operations indiquées dans ledit Mémoire, seront faites conjointement & d'un commun-accord, par les Personnes qui seront préposées par les Commissaires des Diocéses & par les Proprietaires du Canal ; dequoi il sera dressé un double Procès-Verbal en présence de l'un des Sindics-Generaux de la Province. 3°. Qu'après que lesdites Vérifications, Toisés & autres Operations seront achevées, il sera fait des Marchez par les Commissaires des Diocéses & par les Proprietaires du Canal, chacun pour les Ouvrages qui les concernent : & qu'à l'égard de ceux dont la Dépense doit être suportée à fraix-communs, les Marchez en seront passez conjointement, à un seul & même Entrepreneur.

4°. Que pour fournir aux Fraix defdites Vérifications, Toifés, &c. & au Payement du Prix des Baux ou Marchez, les Etats confentent qu'il foit impofé par les Diocéfes, à l'Affiette prochaine, fur les Communautez Riveraines du Canal, telle Somme qui fera jugée convenable, par Eftimation ; fauf à regler l'année fuivante, le contingent de chacune defdites Communautez, relativement à ce qui eft porté par lefdites Conventions.
5°. Que lefdites Vérifications, Toifés & autres Operations indiquées dans le Mémoire-Inftructif, enfemble les Baux ou Marchez énoncez aux Articles ci-deffus, feront faits & arrêtez avant le premier Juillet de la préfente année ; à quoi les Sindics-Generaux feront obligez de tenir la main ; les Etats leur donnant pouvoir de faire à cette occafion, tous les Actes & Demarches néceffaires ; auquel effet les Sindics des Diocéfes feront tenus de les certifier dans le même délai, des Diligences qu'ils auront faites. 6°. Que lefdits Diocéfes & les Proprietaires du Canal, demeureront refponfables, chacun en droit-foi, des Dommages qui pourront être caufez par le défaut d'Execution defdites Conventions, dans le délai ci-deffus marqué, chacun pour les Articles qui les concernent, & relativement à leurs Engagemens refpectifs.
7°. Que pour affurer l'Execution de l'Article des Conventions, par lequel les Recreufemens doivent être faits jufqu'au ferme, pour éviter la Tranfpiration des Eaux du Canal, il fera vérifié chaque année, par l'Ingenieur commis par le Roi, en préfence du Sindic de chaque Diocéfe, ou de telle autre Perfonne ayant pouvoir des Commiffaires - Ordinaires, fi lefdits Recreufemens auront été faits jufqu'à l'anciéne Bafe du Canal, de laquelle on trouvera des Repaires certains fur les Rochers dans lefquels il a été excavé en quelques endroits, ou fur le Tuf qui lui a fervi de Bafe ; auquel effet

les Propriétaires feront tenus de dénoncer & indiquer au Sindic de chacun defdits Diocéfes, les parties du Canal qui auront été recreufées; & le Sindic-General du Département, pourra être préfent à ladite Vérification, fur l'Avis qui lui en fera donné par les Sindics defdits Diocéfes. 8°. Que les Conventions paffées entre les Députez des Diocéfes de Lavaur & de St. Papoul & les Propriétaires du Canal, & autorifées par l'Arrêt du Confeil du onze Mai mil fept cent trente-neuf, feront executées avant le mois de Novembre prochain, à la diligence des Sindics defdits Diocéfes, qui feront tenus d'en certifier le Sindic-General du Département; auquel il eft donné pouvoir de faire à leur défaut, toutes les Démarches & Actes néceffaires pour l'Execution defdites Conventions. 9°. Qu'il fera procedé dans le cours de l'année, à l'Arpentement-general des Francs-bords & Terriers du Canal, & au Plantement des Bornes, conformément aufdites Conventions : Qu'enfin, il fera remis une Copie de la préfente Deliberation des Etats & du Mémoire-Inftructif aux Srs. de Caraman & de Bonrepos, Propriétaires du Canal; & que le Sindic-General pourfuivra un Arrêt du Confeil, pour autorifer ladite Deliberation. Veu auffi le Mémoire énoncé dans la fufdite Déliberation, fervant d'Inftruction fur la maniére d'executer les Conventions paffées entre les Etats & lefdits Propriétaires du Canal : La Déclaration des Srs. de Caraman & de Bonrepos, Propriétaires du Canal, en date du vingt-deux Mai dernier; contenant, qu'ils ont donné leur confentement-verbal à ladite Déliberation, en tant qu'elle eft conforme aufdites Conventions, & qu'elle ne foufrira aucune Explication qui puiffe y ajoûter aucunes nouvelles Obligations, aufquelles ils n'entendent rien ajoûter ni diminüer; fous lefquelles Refervations ils confentent que ladite Déliberation foit autorifée par Arrêt du Confeil, avec la Claufe, fans pretendre rien ajoûter ni dimiuüer aufdites Conventions du mois de Janvier mil fept cent trente-neuf, lefquelles feront executées fuivant leur forme & teneur. VEU pareillement les Conventions paffées entre les Députez defdits Etats & lefdits Proprietaires du Canal-Royal, le vingt-huit Janvier mil fept cent trente-neuf, referées dans le Mémoire-Inftructif ci-deffus mentionné, au fujet de l'Entretien des Epanchoirs, Aqueducs, Rigoles, Contre-canaux & autres Ouvrages y dénommez : Autres Conventions paffées entre les Députez des Diocéfes de Lavaur & de St. Papoul, & lefdits Proprietaires du Canal-Royal, ledit jour vingt-huit Janvier de l'année derniére, inferées dans l'Arrêt du Confeil du douze Mai mil fept cent trente-neuf, au fujet des Ouvrages projetez dans le Cours des Rigoles de la Montagne & de la Plaine, pour éviter les Dommages caufez par les Eaux furabondantes dans les Terroirs de ces deux Diocéfes, & des Reparations que lefdits Proprietaires doivent faire pour y remedier : L'Arrêt du Confeil du vingt-quatre Avril mil fept cent trente-neuf, & celui du douze Mai de ladite année, qui autorifent, tant les Conventions paffées par les Etats & par les Députez des Diocéfes de Lavaur & de St. Papoul, avec les Proprietaires du Canal-Royal, ledit jour vingt-huit Janvier de l'année derniére, que la Déliberation prife par les Etats le lendemain vingt-neuf dudit mois ; & ordonnent qu'elles feront executées felon leur forme & teneur : OUY le Raport du Sieur Orry, Confeiller-d'Etat & Confeiller-Ordinaire au Confeil-Royal, Contrôleur-General des Finances ; LE ROY ÉTANT EN SON CONSEIL, a autorifé & homologué la Déliberation en forme de Reglement, prife par les Etats de la Province de Languedoc, le dix-neuf Janvier de la préfente année, pour tout ce qui concerne l'Execution des Conventions paſſées entre leſdits Etats & leſdits Proprietaires du Canal-Royal, & le Mémoire-Inſtructif énoncé dans ladite Déliberation ; & en conſequence, a ordonné & ordonne, que la Déliberation & ledit Mémoire ſeront executez dans toutes les Diſpoſitions qu'ils contiénent, tant de la part des Diocéſes & Communautez dans l'Etenduë deſquelles paſſe ledit Canal-Royal, que de celle des Proprietaires dudit Canal, ſans rien ajoûter ni diminüer aux Engagemens reſpectifs des Parties, énoncez dans les Conventions du vingt-huit Janvier mil ſept cent trente-neuf, leſquelles ſeront executées ſuivant leur forme & teneur. FAIT au Conſeil-d'Etat du Roi, Sa Majeſté y étant, tenu à Verſailles le cinquiéme jour de Juillet mil ſept cent quarante. *Signé*, PHELYPEAUX.

www.ingramcontent.com/pod-product-compliance
Lightning Source LLC
Chambersburg PA
CBHW060556050426
42451CB00011B/1943